빨간 티코 타잔 팬티

손준호 시집

시산맥 문고시선 03

표지 그림 : 이영철 화가

■ 시인의 말

소주잔에 빠져 죽는 악몽에

오래 취해 있었다

눈물샘 헤엄치던 사람에게

오후 네 시가 출렁거렸다

나를 필사하고 싶었다

밀려난 페이지에 손때가 묻었다

연필심 냄새가 났다

터질 것이 결국 터지고 말았다

2025년 물오름달

자호당에서

손준호

■ 차 례

1부 내 안의 백색 늑대 한 마리

눈을 감아요	13
눈사람 보호법	16
눈보라	18
대설주의보	20
천년나무	22
동대구계란프라이	25
싸락눈은 스키 타기 좋아	26
스캔 X	28
사임당을 묶다	30
네잎클로버	31
클라우드 모델하우스	34
붉은 모래밭	35
우는 산	38
풀이나 뜯어 먹고살아요, 파잔	40
멀어지는 연습	42
페트병 오리 연못 학교	44

2부 삶의 발톱이 더러 빠져 있었다

들밥	49
해감	50
저녁이 고픈 저녁에	52
해부	54
홈키파	56
외투	58
그네의 내력	60
위험한 프로	62
十月	64
슈퍼문	66
오빠 나무 설사	68
표준목	70
콜센터	72
CUP	75
가방끈과 강아지 꼬리에 흔들리는 오후	76
3폭포	78
가야	80
녹록	81

3부 그래요, 우리 좀 쉬었다 가기로 해요

五月	85
대합실 블루스	86
부음	88
버스	90
우주 관광	92
주사	93
타일 타입	94
드림캐처	96
갤러그	98
소양인	100
숨	102
수토끼 세 마리	103
결합	104
끓는 새	106
빙점	107
메로나	108
반짝, 반디	109

4부   나는 오늘 아무도 욕하지 않았다

에스키스	113
연착	116
안개 무늬	118
한파 경보	120
구멍	122
상자의 상자	124
반송	126
전자레인지	128
파상풍	130
티눈은 밖을 보지 않는다	132
공원의 사수	133
우회 도로	134
미주구리	135
방과 후 수업	136
자폭밴드를 조문하고 오는 길	138
여울목	140
소풍	142
삽작 귀신 모시기	143
행사	144
1박 2일	145

1부

내 안의 백색 늑대 한 마리

눈을 감아요

눈 감으면 어디든 갈 수 있어요
그래요 이참에 남극으로 떠나요

잠이 올 수 있어요,
비타천 건네는 약사의 말에
안개가 자욱해 건너기 어려워서

실눈 떠보니 햇살 타는 냄새 나요
펭귄은 물 밖으로 무려 1.8미터나 솟구쳐
로켓 별명이 붙었는데 점점 설 자리가 줄어요

사람보다 사슴이 열 배
많이 사는 서해 외딴섬을 알아요
거기선 사슴들이 사람 걱정하겠네,

생각하니 목이 말라와요
산등성이 돌물에 입 축이는 사슴 엉덩이
그래요 아직도 고라니와 노루와 사슴 구별 못 해요
그러니 더러 눈을 감아요

닭 뼈를 앞에 두고 숨 고르는 고양이 깜둥이
무슨 의식을 치르는지 흰 수염 열댓 올 실룩거리다
눈 감고 졸고 있네요 이 장면에 폭설을 삽입하고

〈
마음 창으로 풍경을 읽는 거죠
그러니 잠시라도 눈 좀 감아요 핸드폰 창을 끄면

정선 어느 계곡에 열 식히는
팽팽이가 눈에 들어와요, 어이쿠야 차갑네
얼른 빼낸 손을 서너 번 털어보면서

그래요 휘파람 불어요
터키 산중의 한 부족은 휘파람으로 대화한대요
그 언어가 투명해서 멀리 날아가면

선들바람에 가만 눈을 떠요
강아지 동동이 신경통약을 먹고 자요
일주일 동안 산책 금지, 어떡하지

앉아서 떠나는 여행을 전수해야겠어요
발치의 털실 방석을 머리맡으로 당겨
이마부터 등 꼬리까지 길게 쓰다듬으면

서서히 우린 눈을 감아요
조디악 고무보트 타고 남극 해안에 내려요
저만치 강아지와 황제펭귄 새끼가 뒹굴어요

〈
햇살 부서지는 소리가 나요 아늑해서
겨운 졸음처럼 죽음도 이랬으면 좋겠다 싶어요
그래요, 눈 뜨지 마요 이렇게 우리 좀 더 있어요

눈사람 보호법

눈사람의 머리통을 훔친 절도범이
폐쇄회로 화면을 겅중겅중 뛰어가고 있어
헤실헤실 눈웃음을 흘리면서

눈앞이 캄캄해, 엄마의 눈물을 생각하면
눈물은 가슴팍 깊이 숨겨둔 슬픔의 은구슬

오늘 태어났을 뿐인데,
빛나던 탄성과 플래시 세례는 어디로 사라졌을까

발이 없어서
꼬집을 볼이 없어서
한낮의 햇살에 무너지는 용기

영혼의 색깔은 빨강이면 좋겠어
내 뼈는 너무 허약해 숨 막혀 희미해
온전히 돌아올 수 있을까, 온데간데없는 다짐들

남의 기쁨을 빼앗고도 반성 없는 인간들
양심이 매일 900그램씩 줄어드는 눈속임의 세계
1큰술의 달큰한 낭만을 맛보여 주고 싶었을 뿐이야
구두의 눈동자에 새하얀 창문을 달아주고 싶었어
〈

얼어붙은 허공에 십자를 그리고
일자 눈썹을 넣고 엄마의 절망을 넣고
길고양이 울음 비틀어 또 하루를 옥죄어야 해

눈사람 보호, 법안이
당신 심장을 통과할 때까지

눈보라

내 안의 백색 늑대가
늑골을 뚫고 뛰쳐나올 것 같은

휘몰아치는 하울링

태양은 지치고
낮은 처마를, 포도밭을, 굴뚝을
휘뚜루마뚜루 삼켜버린
불안한 눈알들

덧창을 긁는 발톱들
덜그럭 덜그럭거리는 눈발들

거처를 잃은 회오리바람 속으로
죽은 아이를 안고 걸어 나오는
두루마기 여자의 뒷덜미 닮은

운명을 하늘에 맡겨도 될까?

무자비함 속의 자비 같은
흰빛들이 순식간에 빨려 들어가고

지지직거리는 흑백 영사기를
누가 정신없이 자꾸만 돌리는지

〈
한여름 밤 뭉쳐 던졌던 거짓말처럼
흐린 기억이 뭉텅뭉텅 잘려 나가면

고독이 첩첩 쌓이는 소리

눈시울 젖은 남천 손끝을 붙잡고
떨던 허공에 실금이 갔는지

고드름 끝에 매달리는 다짐들

가슴팍 살얼음 부수고
눈을 찌를 것 같은 비밀들

없던 약속을 사냥이나 하듯

하악 하악 입김 내뱉으며
쇄골 뚫고 튀어나올 것만 같은
내 안의 백색 늑대 한 마리가

눈밭처럼 허연 그 살 흐물흐물한
물메기탕 한 그릇 들자는 전화가
왕왕 울기를 목메도록 웅크리고 있다

대설주의보

겁도 없이 새해가 굴러왔다
시간의 활주로에 추락한 피투성이로
건방지게 첫날이 태어났다
회사는 죽어 가고 있다
거래 끊기고 전화 울지 않고
곡기 끊은 채 얼어 죽어 가고 있다
대설주의보가 내렸다
소한 추위는 꾸어다가도 한다고
도시는 소설을 매일같이 쓰고 있다
드라마보다 더 드라마틱한 사건이
서울 한복판서 폭설과 대치 중이다
예고 없이 한 사람이 떠나갔다
열병 앓았는데 몸은 식었다
저승길도 밀려서 4일장 치렀다
가는 이는 웃고 남은 치들은 곡했다
티브이를 꺼야 한다고 누군가 말렸다
어둠의 빛에 전염되면 중독된다고
브라운관에서 괴물이 출몰하곤 했다
족발은 뜨거운 물 두려워하지 않는다
보일러 끄고 시퍼런 소주병 끼고 살았다
토정비결은 올해 건강 운이 나쁘다고 했다
집이 불길한지 화장실 불이 나갔다

신문을 끊겠다고 전화를 건다
벽시계가 똑똑히 오늘을 채증하고 있다

천년나무

친구는 목발,

자작나무로 만든 친구를 끼고
후쿠오카 시내를 돌아다녔다

키 작은 점원이 마네킹 팔을 꽂고 있었고
녹색불 켜지면 횡단보도가 새를 짧게 날렸다

동백이 빨간 물감을 쏟고 있는데

눈발은 닥치는 대로 지우고 있었다

이런 폭설은 처음이에요,
목발이 부러진 내가 있었고
추운 계절에 나는 회유되었다

유배 간 주인 따라 천 리를
날아왔다는 비매飛梅를 신사에서 보았다
암향이 전설의 바람을 타고 거슬러 왔고

어떤 이름은 천년을 가는구나,

안 죽어진데이, 또 산데이

기억을 구워 먹은 구순 노파의
녹슨 이름을 눈물로 불러보았다

후회는 손잡이 없는 칼날

돌아온 공항에서
항공기에 불이 났다

허공의 발목이 부러진 채
아파트 옥상에 걸려 있었고
지친 태양이 빨간 아까징끼를
복숭아뼈에 발라주곤 서쪽으로 깨졌다

아파트 이름이 천년나무였고
아파트만큼 단단해질까
천년나무의 믿음은

몸을 땅속에 박은
지하 주차장은 아파트의 뿌리일까

어떤 노래는 천년을 살고
후쿠오카도 천년을 더 견디겠지
〈

눈송이 하나 물어 온 딱새가
생각의 가지에 가벼이 날아 앉자

콘크리트 뼛속을 물고 있을 뻣센
철근이 정수리를 꿰뚫고 지나갔다

천년나무뿌리에 웅크린
풍뎅이 애벌레를 생각하면
발가락이 절로 오므라들어서

어둠을 개킨다 어둠의 장막을
둘둘 말고 있는 저 손은 누구인가

골목으로 파도 소리가 부서졌고
수소문이 소문을 탄핵시켰다
다 끝났습니까, 우리는

눈사람을 버스에 태울 수 없어서
봄까지 무작정 걷기로 했지

취해 있었고 발잔등이 시렸다

동대구계란프라이
―퀘렌시아

 차트가 박살 나서 꽃을 피해 다녔다. 일교차 커지며 그림자의 거래가 늘어서 마음엔 잡초만 무성했다. 불행을 껍질째 삼키고 눈자위 깊게 누르면. ☆&÷ii@♡???. 장대 음봉을 피해

 쫓기는 S. 우주 농부를 꿈꾸는 S. 바바리코트가 소나기 훔치고. 버디포트로 오십시오, 옥상에서 택시를 기다렸다. 이 도시를 빠른 속도로 벗어나야 한다, 다신 돌아오지 말자. 둥근 감옥, 우산을 벗어나는 발목. 굳은 입술 뱉어내는 담배꽁초. 탑승 문 열리고. 어디로 모실까요? 메시지 날리는

 불안한 S. 동대구계란프라이로 가 주세요, 기상 악화되고 날개 흔들렸다. 카드 긁고 대출 내고 영혼을 팔고. 봄까지 기다려 줄래? 어떤 믿음은 말끝부터 시든다. 둘러앉았던 사진 찢고. 따블 드릴게요, 눈썹 휘날릴 속도로. 셔터가 입을 봉한 컴컴한 지하실로. 기타 터지고 재즈 넘치고 드럼은 폭발. 보드카 따고 여자를 잊고 목줄을 잊고

 웰컴 투 동대구계란프라이, 봉두난발 풀어헤치고 한 번 더 헤이 유, 세이 유. 휴대폰 밟아버리고 어둠의 눈알 뽑아버리고. 니야옹, 타일 바닥은 차고 뜬눈의 덧창. 바람은 잠들었나 어깻죽지 흔들면. 악몽에 취해 불쌍한 계절을 마셔요. 악보를 씹으며 아침마다 계란프라이 두 개 튀기는. 히어 이즈 동대구계란프라이. 굿모닝ㅎㅎ

싸락눈은 스키 타기 좋아

산책?
의중을 물었을 뿐인데
강아지는 뱅그르르 몇 바퀴 돈다

교회 지나면 신선나무 둘러친 무덤들
땅의 부푼 물혹 같다

'몰래 벌초해 주는 아름다운 손 있다'
써놓은 면장 백 폿말

산책은 발품 빌려 마음을 환기하는 일
발끝이 퉁퉁 부어 들어오는 때는 너무
먼 곳까지 나를 부리고 오는 저녁

산이라는 두꺼운 책을 읽은 것도 같고
책이라는 산에 파묻혀 산 사람도 본 것 같다

눈싸움엔 잘 뭉쳐지는 함박눈이 좋고
스노보드 탈 땐 잘 미끄러지는 가루눈이 좋대

싸우고도 곧잘 뭉치곤 했었는데

카펠라는 밤하늘서 여섯 번째 밝고

마차부자리에선 가장 밝은 별이라는데

식은 가슴에 점멸등 깜빡거리면
우린 그냥 모른 척 지나치기로 해

스캔 X

1

저를 판독해 주세요. 의사가 사라졌다. 나를 꺼내 보이기가 미치도록 싫지만, 스위치를 켜면 로봇에게 나는 전송된다. 오장육부와 눈코입과 뼈마디가 형광빛으로 치르르 날아간다. 로봇 한 대가 열 명을 담당한다.

정부는 사람의 몸에 칩을 이식해 원격으로 검진 치료하는 신기술 '헬스 X' 프로그램을 발표했다. 십여 년에 걸친 임상 실험을 끝냈다. 건강 수치가 실시간으로 업로드되며 악화될 경우 삐이익 삐이익 메시지가 떴다. 이식된 칩의 번호를 로봇이 조정하면 혈당과 병증이 정상으로 돌아왔다. 위독할 땐 드론을 타고 1분 만에 현장에 도착, 로봇 혼자서 수술을 끝냈다.

오늘은 천식이 도져 길바닥에 쓰러졌는데 로봇이 날아와 3번 칩으로 응급처치를 해줬다. 허어억, 가쁘게 숨을 몰아쉬자 쇳덩어리 손으로 내 가슴을 지그시 눌렀다. "아 유 오케이?"

2

자고 나면 의료보험이 치솟네요. 하루가 멀다고 스위치 끄고 달아나는 이웃이 속출해요. 속상해요. 나는 미세한 암세포를 키우고 있어요. 중증 환자로 분류돼 정부 지원을 받지만요, 로봇이 다녀갈 때마다 의료비가 눈덩이처럼 불어나요.

어제는 알코올 중독이던 1405호 김 씨가 보험비를 감당 못 해 폐기 처분됐어요. 로봇은 감정이 없으니까요, 심장이 없으니까요. 미납 리스트에 빨간불 켜지면 뒤도 돌아보지 않고 시스템을 끊어버리지요. 의사가 없으니까요. 술에 탄 김 씨의 검붉은 얼굴이 자꾸 떠올라요.

합병증이 발병하는 밤이네요. 이제 그만하고 싶어요. 자꾸 이런 생각들로 내가 싫어져요. 칩을 뽑아버리고 내 몸을 내가 하고 싶어요. 울고 싶어요. 의사가 없으니까요. 쾌적한 슬픔을 위해 시스템을 차단해야겠어요. 미래가 왜 이래요. 우리, 어쩌다, 이렇게, 됐을까요?

사임당을 묶다

 콩잎 때깔이 꼭 오만 원짜리 같다, 누런 콩잎을 한 잎 한 잎 얹어서 한 묶음씩 질끈 동인 사진을 누가 보내왔는데, 글쎄 그게 신사임당 얼굴이 콱 박힌 오만 원짜리 지폐 한 다발로 보이는 거라, 한 닢 한 닢 얹을 때마다 오만, 십만, 십오만…… 한 다발에 족히 오백은 안 넘을라, 방바닥에 열댓 다발 널린 생각만 해도 실실 헛웃음 나는 거라

 그 돈이면 보현산 기슭에 책방이나 하나 낼까, 출렁다리 곁에 잔치국수 가게나 할까, 안 먹어도 배가 불러오지만 보리 문둥이들만 먹는다는 그 콩잎장아찌가 오죽처럼 까매진 고릿적 기억으로 가물가물 어려오는 거라, 흙마당에 멍석 펴고 콩 타작하던 아부지, 키 들까부르면 조막손으로 콩알 줍기 바쁘던 가을볕, 앞섶 그득 콩잎을 쪽마루에 부려놓고 한 닢씩, 한 닢씩, 맛깔나게 양념 발라 넣던 어무이도 있었는데

 아무래도 오늘은 없는 콩밭 가서 누런 오만 원짜리 지폐나 실컷 뜯어와야 쓰겠는 상강을 며칠 앞둔 음력 구월 하고도 생백이다

네잎클로버

악마를 피해 다니다
청춘이 위독하였다

무시로 넘어졌고
무릎이 대체로 깨졌다

녹 십가 몰려가서 피 뽑고
삼겹살에 소주 파티를 했다

피가 빠지는 동안
혈관이 서늘하다고 느끼면

선물처럼 빵 봉지가 배 위에 던져졌다
라디오 들으며 간호사들 키득거리고
애인 따라 교회에 네 번 갔다

새점을 치고 죽인 새의 차골을 발라내
볕에 잘 마르면 힘껏 양쪽을 잡아당겨
그래, 네가 언제나처럼 긴 쪽을 가져

새잎은 세 잎으로 족한데
풀밭을 휘젓는 네 개의 눈동자
〈

물고기가 허공을 날아다니는
세계로 진입하는 꿈은 박탈되었다
벌거벗어도 별수 없는 날이었다

파괴하고 싶은 지구가 있었는데
지구력이 약해 포기하였다

흰머리 하나에 십 원 뽑다 보면
까만 머리도 몇 올 따라붙곤 했는데

앞니로 혀를 살짝 깨물어보던 옛일이

과속으로 주행한 빙판길처럼
최대한으로 미끄러져 수챗구멍에 처박혔다

우울증 앓던 막내딸이 떠났다는
국밥집 친구는 몇 번 울다 설거지만 했다

나는 국물을 남기지 않았고
보태준 거 없이도 딸은 살쪘다

발품 팔아도 늘품은 줄고
빌어먹을 생이여, 밥은 먹고 다니는지

〈
우산을 두고 내렸는데
하늘이 말끔해서 서너 번 올려다보듯이
멋쩍게 그렇게라도, 어디

클라우드 모델하우스

 생각이 몰려들고 있었다 구름같이 몰려들고 있었다 구름을 분양하는 하늘, 소리가 쌓이고 있었다 중중첩첩 쌓이고 있었다 발 디딜 틈 없이, 구경하고 있었다 쪼개지는 거실을 구경하고 있었다 흩어지는 방을 구경하고 있었다 아니라고 하면 혼나는 꿈, 질문을 기다리고 있었다 비행기를 기다리고 있었다 바람맞은 답변, 흔들리는 변명을 건축하고 있었다 농담 반 진담 반을 건축하고 있었다 무너지는 아트, 철근을 빼고 있었다 설계를 빼고 있었다 희망을 빼돌리는 골조, 죽여주고 있었다 상상 그 이상을 죽여주고 있었다 배를 째는 기술, 뛰어내리는 새가 있었다 옥상이 뛰어내리고 있었다 이러다간 배가 산으로 가지 않아? 도장을 찍고 있었다 사진을 찍고 있었다 전세를 만나고 있었다 대출을 만나고 있었다 계약이 찢어지고 있었다 가족관계증명서가 찢어지고 있었다 그건 먹구름의 본성, 입주가 멀어지고 있었다 이사가 길어지고 있었다 이게 다 꿈이라고요? 작약이 터지고 있었다 실핏줄이 터지고 있었다 터질 것이 결국 터지고 있었다

붉은 모래밭

여기서 살 수 있겠어요?

영하 80도, 산소가 없는
화성에 왔다고 생각하세요

당신을 관찰할 거예요
창문을 삭제하고 생활을 생략합니다
붉은 모래 깔린 좁은 방에 갇혀서

서서히 미쳐가거나
뒤뚱거리는 새가 되거나
우울한 벽이 되는 연습을 합니다

외부를 싹둑 잘라 버렸어요
틈만 나면 고독의 안쪽을 살피세요
우주 미아가 되는 악몽을 즐겨야 합니다

VR을 켜고 트레드밀을 걸어봐요
물도 없어요 빵도 없어요 달보다
600배 먼 곳에 혼자 떠 있는 거죠

거기 날씨 어때?
라고 당신이 물으면

샌프란시스코엔 비가 와
라는 답이 오기까지 40분 걸리는

화성이란 그런 곳입니다
발단 전개 건너뛰고 바로 위기가
펼쳐지는 판타스틱 판타지
달은 이미 식상해졌어요

옆구리쯤 동탄 신도시를 두었단
싱거운 농담을 우주복에 끼워 넣지 마세요

비를 만지고 싶어, 돌아가게 해 줘!
당신이 벽에 머리통을 쾅쾅 찧을 때
모래비 쏟아지고 발바닥은 갈라지고

후회는 손댈수록 부풀어 오르는 뾰루지
자꾸 들여다보게 됩니다

똥오줌을 살필 겁니다
당신을 함부로 하지 마세요
아무 때나 오고 갈 수 없습니다

저녁 식탁에 올려진 익숙한 얼굴을

아이스 아메리카노에 달각거리는 시간을
쓰레기로 신음하는 당신의 푸른 행성을

없는 셈 치고 진짜 여기서 살 수 있겠어요?
불쌍한 당신, 차피아*

  * CHAPEA 프로젝트: 미국 텍사스주 휴스턴 존슨우주센터에 있는 모의 화성 거주지에서 1년 동안 화성살이를 실제 체험해 보는 실험.

우는 산

저녁답부터 산이 우우 울었다

수마 할퀴었다 마을 반절 무너졌다
돼지 떠내려가고 축사 잠기고
암소 구하러 간 아버지 실종되고
그 아버지 구하러 뛰어든 아들 사라졌다

발버둥 치는 발목들, 퉁퉁 불은 몸뚱이
고립과 범람이 밤새 넘쳐났다

기둥 내려앉고 산사태가 집채 밀어버렸다
물이 차고 있어, 카톡은 어디로 날아갔나

부둥켜안고 슬픔을 지피는 손목들
차라리 숯검댕이 되는 심장들

대책 없는 변명들 덕에
빤빤한 얼굴 몇 조각 잘강잘강 씹어 먹었다

제발 불신을 데려와 키우지 말아 주세요
후회의 바깥은 춥고 등짝은 배기고

세상에 아름다운 공포는 없겠지?

허리케인 도마뱀과 플라스틱 오징어*
표지 그림을 내보이며 너는 물었고

기후 변화 승자는 모기라고 하던데,
눈 마주치지 않는 이는 믿지 마

사람 사이엔 사다리가 있지
건너오고 건너가는, 그러나
부러뜨릴 수도 있지 불태워버릴 수도 있지

나아지고 있다는 믿음으로
납작한 내가 되어 물수제비를 뜬다

오장육부 다 쏟아내 버린
뒷산이 주저앉아 우우 울고 있다

* 소어 핸슨 지음, 조은영 옮김.

풀이나 뜯어 먹고살아요, 파잔

바나나 주세요
몽둥일 드세요, 코로 훌라후프 돌리기
쇠꼬챙이 찌르세요, 코로 농구공 덩크 슛
시켜만 줘봐요, 햇살이 징글징글하지만

야생이 전생 같아요 전생은 전쟁 같고
덜컹거리는 기분에 올라타면 절망도 진화할까
아침이 쉽게 와서 시큼털털 데구루루
볼링공 코로 굴려 스트라이크,
과자를 주세요

타잔의 가죽 팬티 갖고 싶어요
이 나무에서 저 허공으로 뛰어다니는 팬티
아아아아, 고함치는 팬티 날아다니는 팬티
악당을 물리치는 팬티 해방된 팬티 사랑해요

바나나 주세요
빗줄기는 꼭 밧줄 같아요,
마음을 묶어두는

병이 깊어 손쓸 수 없어요,
사육사가 풍선껌 불며 엉덩일 툭툭 쳐요
관람객은 계속되고 공연 타임은 째깍째깍

잘못했어요, 그러니 뭐라도 좀 줘봐요
최저시급이라도, 예?

멀어지는 연습

나는 실종됐다

내 이름은 비봉이,
수조에 갇혀 돌핀쇼만 했던 제주 남방큰돌고래

아이들 물개박수가 지느러미에 달라붙어
조련당하는 기분 너희들은 아니? 먹고살려고

아니 죽기 살기로 버티는데
차가운 유리벽 너머 관람객들의 환호

주둥이로 사람을 붕붕 밀어 올리고 점프 잠수
반복되는 신호 솟구치고 가라앉는 매일매일

누군가의 비극이 누군가를 춤추게도 하지

주둥이가 튀어나와 바보처럼 웃고만 있는 것 같지
강제로 나를 데려온 나쁜 손을 물어뜯고 싶었는데

십육 년을 쇼윈도 마네킹처럼 전시된 채로 살았어

새끼가 생겼어 이름이 바다야, 바다
잊고 살았지 그 바다, 자유라는 유영

〈
바다는 바다를 모르고
쇼는 유산처럼 대물림되고

사람들과 멀어지고 싶어
입때껏 부려 먹고 이제야 방류라니……
바다와 헤어져 다시 바다로 가야 하지만

낯설어 두려워,
바다는 그때 그 바다가 아니고
다시 무리에 드는 게 무리일까

반년째 나의 GPS 신호가 끊겼다

나는 어디쯤 표류하고 있을까
뾰족한 등지느러미를 바짝 세운 채

페트병 오리 연못 학교

연못이 있었다 한가로운 페트병 세 마리 동동동 시간을 구부리는, 오리가 있었다 오리보다 더 오래 떠 있는, 방수가 더 뛰어난, 제 몸의 팔 할이 물이었던, 물보다 더 투명한 날개를 가진

생수병이 있었다 연못 학교가 있었다 어린 생수병 헤엄을 배우고 있었다 타고난 자유형 선수였다 가라앉지 않는 구조, 전생의 필생이 오리였을

페트병이 유영하고 연못은 흔들리고 학교 종은 휘파람, 오백 살 먹은 버드나무 교장이 티티새를 털어 날렸다 낯선 신입생 등교에 미루나무 교감, 황급히 놀란 가지를 굽어내려 살펴보았으나

이름이 따라오지 않았다 인사를 놓쳤다 연못 도서관 색인엔 없는 종족, 수면의 낡은 페이지 넘기고 있었다 눈 밝은 붕어 사서가 툭툭 오리의 엉덩일 들이받아 보았다 생각보단 가벼운

오리가 있었다 공장에서 태어난, 둥지를 등지고 사람 손을 탄, 버려져 국도변 연못에 흘러든, 빠져나갈 수도 없는, 그러나 눈물도 없는, 플라스틱 심장을 가진
〈

페트병 오리 세 마리 딱딱한 깃털로 바람을 밀고 있었다 철새마냥, 철없이, 젖은 생의 종아릴 이따금 털며, 갈대 소사가 밤샘 순찰하는 연못 학교 운동장을 쓸쓸히 휘젓곤 하였다

2부

삶의 발톱이 더러 빠져 있었다

들밥

들이 바쁘면 밥이 들로 갑니다
산비알 의성 댁 마늘밭에 6인분요
단비에 땅이 몰캉해져 마늘 뽑기 좋겠어요
품앗이고 놉이고 일손 구하기 하늘의 별 따기죠
이 골짝엔 논밭이나 사람이나 다 가엽지요
들에 나서 들에 늙었는데 어디로 가겠어요
삼창 식당은 재재 바르게 새참을 준비합니다
밥이 오는 동안 들판은 두루미 목을 하고
허기진 뭉게구름 고봉으로 모여서는
엄마 런닝구 목선 같은 밭두렁을 내려다봅니다
배달 오토바이 봇도랑길 보릉보릉 얼비치면
그제야 목장갑을 벗고요
엉덩이 방석 허리춤 달고 밭머리 나와
흙신발로 그늘에 빙 둘러앉은 낡은 무릎들
파스 향이 마늘쪽처럼 알싸하게 피어납니다

해감

폭우 경보 문자와
삼겹살을 부탁한다는 문자가
동시에 당도했다

폭우 경보 문자는 바로 삭제했고
몇 인분이 필요하냐고 답을 했다

계곡은 불어 있었고
물과 결이 굽이쳐 물거품이 일었다

물살이 너무 세,
판넬 공장서 손가락 두 개를 잃은
너는 그 손으로 삼겹살을 뒤집어 줬고

택시 안 하길 잘했어,
입술이 시퍼렛다

오래 해감했으면 좋겠어
사는 게 너무 버석거려
다슬기가 있겠냐 물었다

눌삼재도 반년은 지나갔다고
어떻게 되지 않겠냐며 쌈을 한입 넣고

나는 신발 신은 채 물에 들어갔다

초복이 열흘 남았다고 했다

저녁이 고픈 저녁에

창이란 창 죄다 열어젖혀도
등줄기 송골송골한 날엔
그 헐한 저녁도 더디 오는 중이다.

혀가 댓 발이나 나온 여름 해가
한 발 갔다 두 발 뒤로 오던 꽃상여처럼
산기슭을 느려 터지게 넘어가는데

잡초 뽑던 아내가 욕실에서
등 밀어 달라고 두어 번 부른다
이 날씨엔 때도 잘 붇는다고

뜸들이던 압력밥솥 하롱하롱 울고
채마밭 옥수숫대 허리에도 군살이 붙고
초록이 우죽우죽 키를 늘리는 중이다.

삶에 발목을 다친 강아지도
뻗은 앞발에 수긋이 얼굴 파묻고
참새들 까부는 걸 지겹도록 쳐다보고

별박이세줄나비 한 마리
마당을 기웃거리며 팔랑팔랑
된장국 내음 훔쳐 가는데

〈
어둑발이 영 아니 올 것만 같아
반주 한잔 걸치기가 이렇게나 쉽잖나
하마 목 빠지게 저녁을 기다리는 중이다.

해부

한번은 갈라보고 싶었다
툭하면 병들고 다치던 마음부터
메스로 도려내 던져주었다 까마귀가
덥석 물고 살구나무 우듬지 쪼았다
둥그스름한 줄 알았는데 별 모양에
모서리가 많았다 찔리고 부딪힌 흔적
가장 무르다 했는데 질겨서 부리로
찢을 때마다 푸른 피가 비어져 나왔다

한 번쯤은 나를 갈라보고 싶었다
건전지 다 된 손전등에 깜빡 불이 들어오듯
딸깍, 식은 심장이 켜져 오동나무관 속 나를
속속들이 열어보았다 알코올에 찌든 내장부터
가위로 잘라내 살쾡이에게 던져주었다 어둔
머릿속을 부글부글 끓이던 생각을 긴 꼬챙이로
둘둘 말아 허공에 풀어주었다 천 갈래 만 갈래
옥생각이 빠져나가자

깡마른 몸은 볼품없이 썩은 나무 한 그루,
옹이 같은 눈동자를 빼내 둔덕에 박아주었다
한쪽 남은 갑상샘은 땅강아지 파먹게 두었다
기계처럼 작동했던 팔다리는 좀 쉬게 두고
빵과 바꾸던 불쌍한 피는 흙이 빨아먹길 기다렸다

석양의 때가 끼도록 손발톱은 빈 가지에 걸어두고
앙다문 금니 두엇은 땅속 희미한 등대인 양
풀뿌리들 비추게 꽂아두고 아무 일 없었던 듯
다시 관 열고 드러누워 지나는 바람이 뚜껑을
쾅! 닫아주길 하염없이 기다리는 것이었다

홈키파

키파, 라는 말 좋다
키퍼, 보다 키파가 더 세다
왠지 더 잘 지킬 것 같은 느낌

홈키파, 홈키파
우리 집 안심 보호막,
쪼개진 파리채는 이제 버려요, 아버지

보다 나은 살충력을 위해
사용 전에 잘 흔들어 주십시오,
벌레 같던 날들도 진저리치게 흔들어서

냄새 없이 깔끔하게
지구를 축내는 충들을
쌰악 쓸어버리고 싶어요

누가 계속 버려요, 쓰레기들
'푸른 별 지구 수비대' 밴드 회원인 J
줍깅 83일 차, 인증 사진을 올리고

아이들은 유령처럼 어디로 사라지는 걸까

언덕배기 숲을 열고 허공의 단추를 뜯고

솥이 적다, 솥이 적어, 짖어 쌓는 소쩍새
뜨거운 날일수록 새도 가쁘게 숨 쉬겠지

선풍기 날개 앞에 얼굴을 들이밀고
철썩 내리친다, 허벅지 긁고 물린 자국 부풀고
유통기한 끝난 사랑도 재활용될 수 있을까?

홈키파, 홈키파가 필요해
자매품 홈매트도 있어요

외투

목이 없다
의자에 비스듬히
쿠션을 끼우고 명상에 빠졌다
겨울 포도밭 쪽으로
마음을 데려가서는
비닐하우스 그물에 걸려
버둥거리는 바싹 마른 이파리
어느새, 라는 새의 날갯짓 같다
송이송이 맺혔던 한여름 밤
전설을 뒤지는 거먹구름
주머니를 달았다는 건
이승의 일이라 단춧구멍이
조금씩 헐거워지고 소맷단에
보풀이 세월같이 일어난다
생각을 길게 풀어서
여닫았던 기억을 박음질한다
맨살 문댄 자리는 굳은살 박였다
잠시 몸을 공글린다
약간 앓는 듯도 하다
그제 고뿔이 가시지 않은 매무새
닳을수록 사람 닮아간다
저녁이 서툴러 돌아가고 싶은 눈치
눈송이라도 보풀보풀 묻혀서

빠글빠글 된장국 끓는 집으로
펄럭거리는 바람의 잔등을 밀며
어서 돌아가고 싶은 것이다 오래
기다린 옷걸이가 벌써 보고 싶은 것이다

그네의 내력

흔들려야 하는 삶 있다
흔들리는 힘으로 견디는 필생 있다

나아간 만큼 뒤로 밀려나는 세계
마음의 중심이 무너지는 일

어지러워 이러지도 저러지도 못하는
정오의 등을 누군가 뒤에서 힘껏 밀어준다면

치마폭이 펄럭이고

다시 무릎을 굴리면 도약하는 눈높이
밀려난 힘으로 더 높이 올라가는

너머를 만끽하세요,

바람의 말에 귀를 내주면
철봉 위로 옥상 위로 선을 넘는 명백한 햇살들

차례를 기다리면
까르르 흩어지는 언니들의 파랑
좁디좁은 그늘을 어디론가 옮기는 모래판 개미 떼
〈

호슙다, 라는 말에 올라타면
회전목마 탄 아이의 올라간 입꼬리
나그네처럼 떠다니는 기분

겁 없이 쇠줄을 한 바퀴 감아올려서
더 멀리 날아가고 싶지만

달아나지 못하는 운명 있다
기다리는 일이 전부인 사람 있다

겨우내 문을 걸어 잠갔던
운동장의 얼어붙은 구석처럼

아무도 없는데
수업 끝과 시작을 알리는 종소리

오래 서둘러서 쇄골을 뒤흔드는 석양
열 바퀴 스무 바퀴 어두운 트랙을 돌면서

다른 생을 도모하긴 너무 많이 떠밀려 왔고
이번 생은 아무래도 기다리다 울다 흔들리다
손바닥에 쇳내가 손금으로 번지면

빈 그네를 슬쩍 밀어 보면서

위험한 프로

 헬멧으로 무장한 오토바이가 길바닥에 %들을 살포한다 집 나온 탕아같이 뿔뿔이 흩어지는 %, 구둣발이 짓밟고 쓰레기통에 처박혀도 오늘은 보라 엄마, 이름으로 부활했네 불황의 헛배를 낫으로 찍으면 쏟아지는 급전, 총알 대출, 타앙-

 신용 주세요 담보 주세요, 불리하면 %의 계단이 높아집니다 타던 차라도 끌고 오세요, 바닥은 단박에 바닥을 알아보지 위독한 생계를 눈 빠지게 기다리지 수렁에 빠진 발목이 악어의 늪을 가늠하지

 생활이 꼬이면 메꾸려던 구멍이 찢어지기도 하지 밥때는 허기를 덧칠하며 꼬박꼬박 방문합니다 희망이 헐리면 곤궁에서 미궁으로, 불안을 복리로 키워줍니다 갚을 일이 확장됩니다 알지 않습니까 피맛, 달큰한 쇠 비린내

 아침이 연체되고 있어요
 당신을 압류하겠습니다

 제발, 목줄, 좀, 풀어주세요, %의 포로가 되었습니다, 이 지긋지긋한 이자 곱하기 값싼 감탄사, 슬픔을 복식부기 하는 석양, 빗쟁이처럼 오도카니 문밖에 선 어둠, 납작해진 마음을 방구석에 얇게 눕히면
 〈

삶의 발톱이 더러 빠져 있었다
무덤처럼 앓고 나면 송골송골

단칸방 이마에 돋은 아이 숨소리, 솜이불 뒤채며 모로 누인 등짝, 몰래 빠져나간 새벽을 질끈 동이면 부다당, 폭주하는 길 위의 프로들이 표창 날리듯 빳빳한 %들을 또 대량 살포한다 보도블록 들러붙은 %의 눈알이 반들반들해서 덜컥, 다시 또 겁을 먹고

무릎 깨진 가계가 절름절름 일어서고 있었다

十月

어떤 계절은 자리 없어
서서 갔다, 앉을 만하면 일이 커져
이 카드로 저 구멍을 메꾸고

엄마 아빠도 구멍 나고 없다

개천에서 용쓰다
영영 죽을 뻔 개가 되어
우왕좌왕 객지로 휩쓸려 다녔다

빨간 티코에 시너를 만땅 넣고
목포까지 내달렸다, 돌아와서
24시 목욕탕서 발가벗고 잤다

일당을 따블 준다 해서
아내 데리고 떴다방 줄서기를
이틀 동안 릴레이로 했다

지갑에 로또 복권 넣고 다니면
무슨 일 날까 덜컥 겁나기도 했는데

벼락 맞고 뒤돌아 또 벼락 맞는
미친 확률의 불상사는 없어서

세금 얼마 떼나 걱정 같은 건 접어두었다

아빠처럼 되지 말아야지 하다
아빠보다 더할 때가 잦아서

기분이 추리닝 무릎처럼 촌스레 튀어나오는
여리 낡은 생이 입력에서 찢어버리고 싶었지만

저물녘이면 우리 동네에선
교회 십자가에 불이 젤 먼저 들어와서
하느님은 있다고도 믿고 싶어졌다

슈퍼문

풀벌레들이 여름의 깊이를 재고 있었다
안쪽으로 파고들수록 열대야가 몰려와서
치치치또르르찌르르르 밤새 울어주었다

우리가 아주 가까워졌다고 느꼈을 때
붉은 보름달이 멧부리로 솟구쳤는데
밤 구름이 손아귀로 끌어당기는 것 같기도
선풍기 대가리가 밀어 올리는 것 같기도 해서

앞집 개가 월월 읊으니
뒷집 개가 월월월월 받아쳤다
아니 앞집 개가 왓왓 물으니
도로 뒷집 개가 왓왓왓왓 되물었다

답보다 나은 질문들이 있고
약간의 거리가 필요한 사람들도 많지만

오늘은 최대한의 시선을 주고받기

묵정밭엔 어린 고라니 풀쩍 풀쩍
마른 밤하늘 타닥타닥 콩 볶는 폭죽
외할머니 집에 놀러 온 조무래기들이겠지
〈

흙마당 모기쑥에 피어오르던 귀신 이야기
어머니 무릎베개 위로 쏟아지던 잔별들
형들 몰래 조막손에 쥐여준
크라운산도 같은,

보름달이 이달엔 세 번
반야월이란 달은 어떻게 생겼을까?

쪽방촌 주눅 든 어깨엔 젖은 런닝구가 살고
말라 비틀어 죽은 선인장의 아메리카도 있고

바퀴 하나 빠진 줄 모르고
삐걱삐걱 진땀 흘리며
저만치 굴러가는 저 달 구르마

오빠 나무 설사

오빠야,
산길이 치런치런 젖었네
여름 산이 설사 난 거 아이가
나무뿌리도 줄줄 토하고 있어

장맛비는 멎었지만
구배 낮은 길가로 곰비임비
떠들며 등 떠밀며 쓸려가는 물길 좀 봐

오빠야, 그랬잖아
뭐든 적당히 먹으라고 안 그럼
배탈 난다고 사랑도 그런 거라고
매미 울음이 하얗게 반짝이고 있어

물도 참 많이 먹었지
장난인 줄 알았겠지 오빠는
숨 막혀 죽을 뻔했는데 다들 웃기만 했지
면접 가서 물 많이 먹었더랬지
그래서 이 모양으로 물장사하고 사는 건지

오빠야, 산딸기도
물 많이 먹어 때깔이 밍밍하네
강아지풀이 불그스름 유년의 종아릴 간질이네

잠자리들 보니 곤충 채집 생각나

걱정 마,
나무들은 금방 나을 거야
저 많은 이파리들 호오 호오
입김 불면서 배를 쓰다듬어 줄 테니까

어둑서니 저녁 오면 속옷 갈아입고
한숨 푹 자고 나면 언제 그랬냐
까불고 골목 쏘다니던 나처럼 말이야

볕살에 한참 걸었더니 목마르네
도깨비바늘 날을 바짝 벼르고 있어
소맷전 붙으면 하나하나 떼주곤 했는데
꽤나 다정했었는데 오빠야,

욕심도 적당히 먹으래이 탈난데이
서울 그리 좋나 시간 내서 함 내려와
캥캥 목 축이러 고라니 새끼들 내려오는
구불텅 이 산길 옛날처럼 동무해 걸어봐

잘 살아 암튼,
오빠야 눈물 많은 건 내 잘 안다 아이가
손가락 무좀 안 걸렸음 전화 한 통 때리든지

표준목

기준이 싫었어

맨 앞줄도 부끄럽지만
더 큰 목소리로 다시

양팔 벌려도 날지는 못했고
억센 사투린 고치지 않았지만

누가 다 정해놨을까
그 많은 기준을

한 가지에 세 송이 벚꽃
그래야 개화, 라고 발표한다지
양지바른 데는 벌써 벙글었는데도

줄을 잘 서야 해,
쌀뜨물처럼 미지근한 말 들으면
잘 선 줄을 싹둑 잘라버리고 싶어
선을 세우면 바닥이 자꾸 자라니까

선을 낮추고 낮추면
모두 무릎에 흙이 묻을 텐데
림보 말이야, 수용소란 뜻인 거 알아

보이지 않는 선에 갇혀 살아가는 거지

중심에서 멀어지는 교통카드 찍고
주소를 얻은 택배 상자처럼 뿔뿔이
물류창고에서 어둡게 흩어지는 우리들

더 굽은 골목으로 비좁은 옥탑으로
하루치 노동의 편차는 얼마나 벌어졌을까
제멋대로 열리고 닫히는 아침이 부러워

롯데리아 튀긴 감자 냄새 밴 옷가질
코인 빨래방 기계에 빙빙 돌리면서 문득

희망은 언제부터 물이 빠져버린 걸까
아니 언제부터 얼룩이 들어 버린 걸까

이파리 색이 이십 프로 넘게 물들어야
단풍, 이라고 발표한다는데
글쎄

콜센터

그래요,
센터에서 일하고 싶었어요
레프트도 라이트도 아닌
ㅇㅇ방직도 ㅇㅇ섬유도 아닌
돌면 돌아오는 컨베이어 라인이 아닌
툭하면 잔업에 3교대가 아닌

에어컨 빵빵 터지는 센터
목 부러진 선풍기 고시원 옥탑방 아닌
물걸레 치우면 바퀴벌레 쏘다니는 반지하 아닌
어지럼증 앓던 한낮의 박쥐 아닌

그래요
실업이 두려웠어요 실없이
잘 웃는다고 혼꾸멍나기 일쑤였죠
불시에 들이닥칠까 봐, 엄마아

센터에 드디어 출근합니다
네네, 고객님 사랑합니다
이 말이 하고 싶었어요
슬리퍼 신고 의자에 앉아 다릴 떨면서

콜콜콜콜, 콜이 날아옵니다

척척척척, 콜을 받아냅니다
코카콜라 한 병 죽이고 아아아 목 풀고
삐리링벨소리삐리링벨소리삐리리

웃습니다 오늘도
안개처럼 최대한 희미하게
수족관 넙치처럼 납죽 엎드려서
곰살맞게 웃어야죠 네네, 고객님
화가 뭔지 모르는 어리보기처럼

고막에 스펀지 덕지덕지 붙이고
콜센터는 불만을 빨아들이는 블랙홀
귓속은 소리가 자라는 감옥

어두운 콜 걸려 오고
짜증… 고장… 이따구… 썅… 해지…
이어폰 찢고 가슴팍 박히는 말의 화살들

네네 그래도 사랑해야죠, 개새끼를
속엣것 다 흘려버린 텅 빈 자루같이
그깟 콜이야 밥줄인데 넘기고 삼키고
마무리까지 쓱쓱 핥아줘야지
〈

이제 달궈진 혀들을 잘라버리고
콜에 생포된 나를 풀어주는 시간

여름 햇덩이는 여즉 식을 줄 모르고
꽃무늬 원피스 같은 시절 있었나

슬픔의 스타킹 벗으며
젖은 브래지어 푸는 밤

CUP

C와 U와 P가 만났네

CU는 가본 적 있고
우리 동네 있고 1+1 있고 알바가 있고
캔맥주 사 와서 넷플릭스 때리면
UP 되는 날이 있지

캔은 CUP이 될 수 있지만

대체로 물
자주 커피
때론 우유를 비우고

CUP은 그릇이 될 수도 있고
꽃을 넣을 수도 있고 틀니를 꽂을 수도 있고
붉은 호수를 만들 수도 있고 여름이 될 수도 있지만

거짓말처럼
C와 U와 P가 만나서
한잔의 CUP이 되어 주었네

가방끈과 강아지 꼬리에 흔들리는 오후

가방은 강아지를 숨길 수도 있고
강아지는 가방을 물어뜯을 수도 있는데

책상다리에 기대 졸고 있는 가방
놀아주지 않아 심드렁한 강아지 같다

고리 떨어진 가방끈을 시장통 수선집에 맡기고
격자무늬 창틀에 가만가만 내려앉는 먼지의 오후

한길에 오래 데리고 다녔지
서류 뭉치와 하얀 비밀, 몇 권의 책과 알약들
찬비 맞고 뒷골목 캥캥거리며 쏘다니며

허리춤에 희미한 내일의 짐작을 끌고
한쪽 다리 들고 전봇대에 실례도 하면서
젖은 날의 얼룩을 구석구석에 수납하면서

꼬리가 달아나면 어떤 표정일까, 꼬리 무는 생각

이빨 꽉 깨물고 새어 나오는 의심을 닫아야지
지퍼 열면 빨간 팬티가 불쑥 튀어나올지도 몰라

아버지 가방에 들어가신다,

라고 읽어서 혼난 아이가 있었는데
간혹 사회면엔 진짜 사람이 들어간 트렁크가 발견되고

강아지가 나를 끌고 산책길에 나선 것인지
가방이 내 생의 목줄을 이저리 끌고 온 것인지

가방 속에 구름 같은 궁금이 뒤죽박죽
속을 열어 다 보여줄 수도 없는 마음일 때
강아지가 풀죽은 가방의 누런 거죽 냄새를 살핀다
꼬리를 말고 자박자박 잦아드는 늦가을 오후

3 폭포

당신에게 벗어나려고
변명을 구해다 쏟아붓던 계절

물주름 샅 핥으며 써 내려간 눈먼
바람의 후렴 읽는 소沼의 우묵한 눈동자

물길을 거스르는 송사리 떼
낙엽 몇 닢 발등 끌어 덮는 돌멩이의 잠
식상한 건 죄다 혁명이 필요하지만

먹구름 낀 옴팡진 예감을 움키고
등짝 후려치는 자책에서 자꾸 달아나고픈 계곡

추락은 절망을 겨냥한 바닥의 날개

쏴아아, 눈매 서늘하게 한줄금 쏟아지면
단박에 매듭을 풀어버리는 팽팽한 줄
갈 테면 가세요, 절벽으로 흩어지는 벽력

물살이 뱃심으로 물발을 미는 골짜기
바위 틈서리 슬픔을 쓸어주는 이끼들

다신 만나지 말아요, 젖은 당신 떠내려 보내고

멧부리를 무명천으로 친친 틀어막는 안개

불 넣으러 갑니다, 몇 날 비워 둔 방고래
으르렁거리는 보일러 곁에 쪼그려 앉는 마음

쪽창 너머 시오리 멀리 귓바퀴 걸어놓으면
빙벽이라 뼈마디의 적요를 얻어 입을 때까지

촤아아, 물이 물 때리는 그 선득선득한 회초리 소리

가야

가야지, 걸어서
시의 벼랑에서 극단으로
부딪고 들이받고 깨지며
가야지, 우죽우죽 슬픔을 키우며
어둠을 기르며 이맛전을 붉히며
댓 마리 고독을 치면서 쓸쓸을 맛보며
가야지, 아무도 없는 그래서
너덜이나 서덜 같은 시의
황무지 속으로 나를 던져야지
울어야지 들러붙은 적막의 거미줄을
뜯으며 귀가 잘린 듯 울부짖어야지
그러면서 가야지,
붉은 보자기 싸인 비밀을
금빛 그릇의 노래를 써야지
짓이 나서 구지봉 올라 소리해야지
등 굽은 의자에
은빛 구두 신은 새에
고맙다는 악수를 청해야지
구름의 목소리를 배워야지
종주먹 쥔 아이처럼
시를 놓지 않으려고
그러면서 가야지, 그래요
오늘은 제가 가야를 훔칠게요

녹록

 그는 도감에 등재되진 못했다. 순록과 비슷하게 생겼지만 뿔이 없다. 뿔 없는 고라니보단 체구가 작고 비쩍 말라서 볼품없다. 개복숭만 한 눈동자. 겁이 많아 보인다. 순한 미소 쓰다듬으면 노루잠 쏟아지겠다. 꼬리가 없다. 살이 적고 뼈가 억세 사람들 그닥 선호하지 않겠다. 존재감 없는 탓이리라. 호락호락해 보인다, 는 비유에 그를 끌어다 쓴 탓이리라. 두음법칙에 갇혀 그는 혀가 짧다. 보잘것없는 생김새. 녹록 앞에 용용이 붙으면 더 약 오르겠다. 숨 거둘 적까지 자신의 처지를 부정하며 살아가는 슬픈 짐승. 그렇다고 쉽게 보진 마시라. 언제든 한방 인생 역전을 위하여. 어두운 구석에서 이를 갈고 있으니. 빨간 코 가진 루돌프를 보시라. 양말 걸어 놓는 성탄절은 옛일이 됐지만. 누구도 내일을 장담할 수 없는 노릇 아니겠는가. 대수롭지 않은 그의 일침이다.

3부

그래요, 우리 좀 쉬었다 가기로 해요

五月

검은 버짐이 늘었습니다
쌈짓돈처럼 잔주름이 자글자글했습니다
국밥 한 그릇 하는데
땀방울을 등줄기로 흘리셨습니다
눈도장 찍고 오는 행사처럼
생색이라면 생색이고
형식이라면 형식 같았습니다
국물까지 남김없이 드시고는
당신은 고맙다는 말까지 덧붙였습니다
철쭉이 히죽히죽 웃었습니다
오는 길 반야월 오일장이었습니다
호박 이파리 이천 어치 사서 쪄 먹었습니다
노란 호박꽃에 호박벌 들면
꽃봉오릴 막아 윙윙윙 괴롭힌 적 많았습니다
천수답 산골 세간이 꿈속같이 어른거렸습니다
보청기 수리 좀 맡기라며 언성만 높이고
당신을 골방에 홀로 남겨두고 돌아온 오월
소쩍새가 솥이 적다고 솥적솥적
염치없이 울어줬으면 좋겠습니다

대합실 블루스

안 만나도 만난 듯이
잘 지내기로 해요

파주가 날 받아줬는지
대구가 날 버렸었는지
부산은 늘 관심 밖이지만

주소가 각각인 구둣발과
직업이 각각인 하이힐과
문수가 각각인 고독들이

스스로 출렁이는 안부가 되어
밀물처럼 앞문으로 들어섰다
썰물처럼 뒷문으로 빠져나가는
대합실 구석서 만 원짜리 물광을 내더라도

가는 버스는 가게 두고
떠난 시간은 떠나게 두기로 해요
남는 사람이 더 오래 기다린 사람이 되겠지만

풍선껌처럼 부풀었던 시절이
빵구 난 타이어같이 시들었다 하여도
〈

또 한 번은 때 와서 만나겠지
볕살 같은 믿음에 쾅쾅 못을 박고선

파주가 좋지만 대구서 사는 삶처럼
그래요 우리 좀 쉬었다 가기로 해요

부음

한 사흘 공회전하였다

삶을 스스로 멈추게 하는 건 용기일까,
포기일까 아니 포기하는 용기일까

어떤 언어는 화상을 입힌다 귀를 물어뜯는다 심장을 찌른다 말의 칼날을 벼려 정곡을 찌르면 몇은 베 버릴 것 같은

절망의 종교에 빠졌다면 누가 있어
마른 눈물을 짜서 나를 덮어줄 것인가

어둠과 연애하는 죽음을 동경하는
석양이 흘린 핏자국을 누가 닦아줄 것인가

불길한 희소식이 들려올 것만 같다

장례식장이 지하에 있는 이유
우울한 미소를 짓던 눈사람은 죽었다
태양의 권총을 맞고
그러나

신의 장난감 같다, 한 사람의 필생이란
〈

너무 아파서 살고 싶어진 때가 있었다

벽이 된 이름 하나를 남은 이들이
쾅쾅 가슴 절벽에 대못질하며

남아 있는 삶의 첫날을 반복하고 있다

어제라는 부고를 누가 매일같이 띄우고 있다

버스

상자가 굴러간다
이마에 번호표를 붙이고
내리막에 가끔 몸서릴 치면서

앞을 열고 교복을 삼키고
노인을 내뱉고 뒤를 닫는다

얼떨결에 올라탄 땡볕
빨간불에 우르르 쏟아지고
부은 발등으로

동전에서 승차권으로 교통카드로
밥통이 진화하는 동안, 발통은
닳고 등뼈도 적이 내려앉았지만

상자에 담긴 길들은
다들 어디로 가는 중일까

종점에서
우두커니 속 비우고
끝이 있다는 사실을 배우고

밤비 맞고 있는

상자는 얼마나 슬픈
꿈을 꾸는 걸까

희디흰 도화지에
크레용으로 마구마구 굴렸던

네모난 상자가
오래된 연인 같아서
멀리서 손을 높이 흔들고 싶어서

터덜터덜 이어폰 꽂고
바람 이는 정류소 서 있으면

오기를 잔뜩 품은
내 청춘의 한때처럼

투덜투덜 기어코 언덕을
넘어오던 상자, 오래도록

앉아서 돌고
돌아오는 노선을
유턴하고 싶어지는 이유

우주 관광

우주 관광은 멀지 않았네
어느 은하에서 내달렸을까 천장엔 형광 뭇별들
우주 정거장에 속속 모여드는 소행성들
산타 마을 거쳐 협곡열차 갈아타면
아카시아 내음 묻어오는 산바람
바깥이라 생각건대 어느새 내부로
철커덩 철커덩 내달려오는 기적 사이로
바람개비처럼 돌아가는 오월의 바퀴
빅뱅빅뱅, 마음은 자꾸 팽창하고
옛 애인 전화 오면 오늘은 용서하리라,
막국숫집서 메밀 면발을 건져 올리는
당신과 나는 어느 외계를 떠돌던 빛이었을까
검은 장화 목에 들러붙은 석탄가루처럼
뜬금없이 사금파리로 흉곽에 박히는 비문들
열차를 놓치고 오래된 가방을 떠나보내고
찔레꽃 연서 부치면 모레면 미리내에 가닿을까
농담같이 달큰한 밀감 껍질을 까면서
영주 찍고 봉화 지나 태백이란 위성 궤도로
대구 70바 6426 무진동 우주 관광은
달달달 풍경을 굴리며 공전을 거듭하고 있다

주사

칠 년 살던 여자와 갈라섰다며
빈 술잔을 탁자에 내리치는 남자

신부전증 앓은 지 스무 해 넘었단
그에게 술을 권한 건 잘못이었다

하루걸러 병원 가서
나절가웃 혈액 투석받는데

주삿바늘 꽂을 곳이 마땅찮다며
소매 걷어 우둘투둘한 팔을 보여줬다

여자에겐 열여덟 난 딸이 있었는데
사는 동안 자신을 삼촌, 하고 불렀다고

옷만 챙겨 나와 하루하루가 위태롭다 했다

폭탄 말아 거푸 석 잔을 들이켠 내게도
폭풍 치던 날들 있었단 말은 삼켜버렸어야 했다

남자가 말없이 검지로 눈자위 눌러 쓸었을 때
목에서 튀어나오는 오지랖 누르려다 혀를 깨물었다

타일 타입

흙의 감정을 구워요
유약을 바르면 반들반들해지는 기억

얼어붙은 마음을 불가마에 던지면
벌겋게 달아오른 슬픔이 걸어 나오고

벽으로 누웠거나 바닥으로 솟구쳤던
겨울, 접점을 찾지 못해 쓰러져 버린

기분은 맘대로 흘리세요
깨지기 쉬운 가족을 붙여 줄게요

아버지, 옆집 가서 돈 좀 꿔 오세요
골병든 숟가락과 눈먼 젓가락은 제발 버려요

이리 와요, 와서 배시시 이 드러내고
어머니 등골을 빼 먹어요, 아름다운 폐허의
치마폭 숨어 사는 희망의 가랑일 찢어요

새벽같이 공사판 나간
어머니 어둔 눈에서 흙칼 빠져나오고
타일 사이사이 줄눈에 처바르는 백시멘트
〈

눈 뜨기 싫은 절망 속으로
굳은살 각질처럼 가루가루 부서지는 햇살
골백번 더 죽은 하루가 또 죽어 나가고

가슴 절벽에 치대는 파도 재우려
변기에 꿈을 쑤셔넣고 물을 내려요

죽기 좋은 날도 있을까,
각진 마음은 잘라도 네모나고

어둠을 꼭 껴안으면 부엌으로 욕실로
벌컥벌컥 문을 따고 들이치는 불안들

며칠만 폭설로 살다 갈 순 없을까

닦고 닦아도 타일 위로 엎질러지는
어머니는 모서리에 자꾸 맨발로 내려앉고
넘어졌다 일어서다 또 발목 접질리는

그래요, 생각이 얼어붙어 잘못 디디면
눈빛이 함부로 미끄러지는 세계거든요

드림캐처

후회라는 슈크림을 휘핑하지
이름에도 명품이 있었나
한숨의 골조를 설계하지
도면에서 뱀처럼 빠져나가는 밤
기쁨이 부러지도록
등꽃은 사월을 증명하지
갈등의 등을 감당하기 위해
왼편의 왼쪽을 휘감는 세계

걱정 인형의 사유지를 개척하지
꿈에도 컬러가 있었나
잠 속에 전세 든 슬픔을 분양하지
거미여신 사생아를 그물에서 빼 내오는 밤
아침볕이 악몽을 구워 먹도록
등꽃은 허공의 등잔에 불을 지피지
한꺼번에 사월을 꺼내오기 위해

얽히고설킨
어둠의 손금을 타설하지
그늘에도 눈동자가 있었나
용감한 깃털이 잠꼬대를 끌고 가지
기억의 서쪽으로 굴러가는 구슬
머리를 쥐어뜯는 줄담배의 설움과

다리 저는 고양이의 독백을 덮어주기 위해
아래로 아래로 등꽃이 자잘한 귀를 쏟으면
희부윰 잠결을 훔치는 다디단 목소리

준호야,
학교 가야지-

갤러그

오빠야,
저 드라마는 대체 언제 끝나는데
맨날천날 폭탄 터지고

피투성이 아이들을 보며
나는 라면에 공깃밥을 만다

모래땅에 천막 친 피난민들
검게 치솟는 연기

종이비행기라도 타고 가야 하는데
팔레스타인 팔레스타인 가야 하는데

갤러그나 한 판 하자
점방 구석 소주 박스에 쭈그려 앉아
책가방만 한 오락기 화면에 눈알을 박고

동전을 투입하면 짜자잔 스테이지 원
삐용삐용 전투기로 싹쓸이하는 거지

오빠야,
여기 적들은 다 귀여운 벌레네
벌과 나비와 딱정벌레 잠자리
〈

구식 오락기 앞에서
전투기를 좌우로 움직이며
벌레들의 총알을 피해 가며

이대로 쭉 태평양 건너
가자지구로 몰고 갈 거야

인간이 얼마나 잔인한지
똑똑히 보고 오자

어서 레벨 올려야지
더 빨리 쏴야지
끝판까지 박살 내고

엄마 잃고 떨고 있는
여자아이 찾아
신라면이라도 끓여주고 오자

오빠야,
세 마리 다 죽었다
동전 더 없나?
하던 아이는 없고

병원에 포탄이 투하되는 장면을 보며
나는 막걸리에 사이다 반병을 섞는다

소양인

는개 걷자 앙상히 뼈 드러낸 먼 산 송전탑
수만 볼트 전기 품고 있어도 추워 보였다

속이 갑갑혀, 툭하면
문고릴 열어젖히던 열 많은 사람 있었는데
술 좋아하는 나도 홍삼을 못 먹는다

없는 가수의 죽은 나무 얘기하고
포도 삼키며 아픈 청춘의 시를 앓았다
창밖을 오래 바라보는 버릇은 좋았다

모두가 내일로 갔는데
생각은 그저께 웅크려 있어서
저녁이 하릴없이 눈물을 뿌렸다

천사의 피뢰침을 정수리 꽂으면
땅속의 당신 영혼 접지할 수 있을까
고압선 같던 힘줄의 팔뚝

기억의 얼레를 망고하는 사이
마음이 깨졌다, 용접하면 아물까?
저어하고 서어하는 낡은 핏줄 같은
〈

붉은 볏 치켜세운 맨드라미
치열하게 어둠의 손금을 뒤지고 있을 때

낙뢰에 뇌를 다쳐 백 미터 상공
궤도에 멈춰 선 롤러코스터처럼
저릿저릿 흉곽 뻗쳐오는 당신이란 전류

어지러운 다초점 안경 벗어두고 나는 여즉
떨고 있을 철탑 생각에 밤잠을 설지는 것이었다

숨

참새 한 마리
계단에 거꾸로 누워 있다

센바람 맞고
창에 부딪혔는지 숨이
좁쌀만큼 겨우 붙어 있다

좋은 일 하나 하면
지은 죄 하나 삭제될까

새의 꽁지깃은 방향을 잡아주는데
내 생의 방향타는 무엇이었을까

양팔 없는 사람을 본 적 있지
미래를 덧칠하면 무슨 색이 나올까?

구름은 울던 아이가 오래전에 날린 연

예측 못한 슬픔은
왜 이를 꽉 깨물게 할까

바르르 온몸을 떨어보는 참새
눈알이 불안을 세차게 쪼아 먹는다

수토끼 세 마리

 스투키 화분을 분양받았네
 토끼 이빨같이 뾰족뾰족해서

 스투끼스뚜끼스또끼스타끼스투기스뚜기스또기스타기수투끼수또끼수타끼수투기수또기수타기스토끼수토기스또끼수토끼

 (빠르게 세 번 반복하시오)

 쭈압 쭈압 햇볕을 물고 빠는
 스투키는 돌고 돌아 돌고 돌아

 수토끼가 되었네
 나만의

결합

태풍이 가고 그 바람에
놀란 가슴팍 사이로 소나기가 다섯 줄
할퀸다고 예보했으나 아프지는 않았고

벌레 먹은 푸른 모과 하나 우주의 손을 놓치자
앞집 마당귀 오달지던 대추나무 목이 부러졌다

먹구름 얼굴로 대추 몇 알 쥐더니
슬리퍼 신은 남자는 탱크로리 몰리 나가고
앞치마 두른 여자는 요양원에 밥해주러 갔다

남겨진 강아지 왕왕왕 한참을 울었다
고독한 운명의 영혼을 쥐어짜면 거멓빛 생미역 냄새

실시간 검색하는 컴퓨터 자꾸 먹통 돼
고객님 사랑합니다,
응수하는 114 전화해 호통을 쳤는데

아내분과 따님과 결합 상품에 엮여 있어서
매달 이만 원 가까이 할인받고 계시는데
다른 통신사 갈아타시면 혜택이 싹 다 날아갑니다,

라면은 불어 터지고 안 그래도 흩어져 사는 터수에

이대로 이 년은 어떻게든 더 묶여 있어야 쓰겠는데
닳은 건전지에 무심코 대어 보는 혓바닥처럼
플러스 마이너스가 찌릿하게
우리는 연결돼 있는 것이었다

끓는 새

소쩍새 멀리 울어 들끓는 생각
먼 시간의 무쇠솥에 불 지피고
팍팍한 가슴팍 중불로 뭉근히 데우면

국숫발처럼 허물허물 풀어지는 기억

낡은 목선으로 평생 바다를 떠도는
바자우족 다섯 식구가 떠올라서 아팠다
땅에 발을 굴리지 않고 살아간다니
생각이란 것도 바닥에 닿아 본 적 있을까

한소끔 생각이 끓어오르고
금세 날아갈까 정수릴 감싸고

머리가 아플 때 베트남 어느 부족은
노란 개미로 이마를 물게 해서 낫게 했다는데

생각의 키와 무게는 어떻게 계산해야 할까

외롭기로 작정한 사람이 한 자루씩 생각을 끌며
식탁 앞에 슬픔을 풀어놓는 봄비가 제법 쏟아지면

생각보다 아프다

빙점

겨울비 듣자 보일러 기름이 떨어져요

솜이불 덮어쓴 채 다락에 오르며
사람을 가장 두렵게 하는 건 사람이라는 생각

세상에 부러지기 싫어 쇠꽃이 되었다는
촌부의 남루한 일대기가 창틀에 끼어 덜그럭거릴 때

때론 빗물의 연대가 굳고 굳어서 우두둑우두둑 뼈마디란 뼈마디가 죄다 얼어붙어 꼼짝없이 비참한 최후를 맞을 각오가 됐다면

너는 투명한 얼음장
나는 더러운 불꽃

안간힘으로 비는 마침표를 찍고 구름의 잿빛 망토가 휘뚜루마뚜루 공중을 후리고, 시든 기분이 어둑어둑 저녁의 서랍에 수납될 때 추락하는 수은주의 예언대로라면 마당의 고무 대야는 살얼음을 잉태할 것

슬픔의 결빙과 사랑의 해빙,
그 공존의 구간에서 우리를 하얗게 불태울 순 없을까요

메로나

　메로나, 여름은 너의 계절, 메로나 하고 부르면 냉동실 문이 저절로 열리지, 너는 달고 부드럽게 녹아내리고, 나는 잠깐 얼음, 혀가 푸르스름 얼얼해지면, 너는 뼈 하나만 남기고, 눈사람처럼, 첫사랑처럼, 사라지고 없지만

　메로나, 사랑을 잃고 주저앉았을 때 보았지
　셋방 버버리 부부싸움 났는데, 드잡이하는 난리통에 여고생 딸은 묵묵히 메로나를 빨고 있었지, 아, 메로나, 물고 있으면 슬픔도 잠시 얼려버리던, 마법의 메로나, 메롱메롱 꽁무니 까불릭거리넌 매미도 곁을 떠나갔지만

　메로나, 다디단 메로나, 원재료에 정제수, 설탕 말고도 올리고당, 물엿도 들어가고 뉴질랜드, 독일, 호주에서 물 건너온 데어리스프레드, 혼합분유도 들어가는 메로나, 멜론 시럽은 0.15% 그걸로도 멜론 맛 담뿍 내는 메로나, 우리는 여기서 손을 놓자, 빙그레 웃으며, 또 만날 거야, 여름이 점점 길어지고 있거든

반짝, 반디

이슬만 먹고 보름만 산다는
반디를 만났어, 아주 잠깐

푸른 불 꺼내 보여줬어
받아 들려 손을 내밀었는데

빛이었어, 깜빡였어
나는 언제 반짝였더라

불만 남고 빛은 사라졌는데
나는 계속 꺼져 있는데

빛을 수납해 놓을 순 없을까
좌르르 터진 자루 같은 달빛을 서랍에 두고

마음의 천변에 큰물 질 때마다 두 홉씩 뜬어
몸살로 누운 네 이마에 부어줄 거야

이슬만 먹고 보름을 산다는
아름답게 슬픈 얘긴 누가 만들었더라

4부

나는 오늘 아무도 욕하지 않았다

에스키스

겨울 오후의 흉곽을
통과하는 중입니다

살얼음 같은 불안이
가장자리부터 녹아들어서
나는 조금 투명해집니다

피라미의 비늘을 입은 듯
반짝이는 시간을 지느러미 칩니다

겨울강은 오독을 동반합니다
그들의 언어는 흰 뼈를 닮아서
페이지를 넘겨짚기가 고통스럽습니다

스스로 녹아버리는
얼음장의 미필적 고의

묵비권 행사할 수 있는
왜가리의 응시도 흐려 보입니다

허튼 궁리들로 한철 다그쳤던
긴긴 한숨들이 주목 무릎을 파고듭니다
〈

나를 조금 더 아껴 쓰겠습니다
골목의 뒤축에 각질이 불었습니다

벽공의 아궁이는 이른 군불을 지피는지
멧비둘기 눈알처럼 붉어 옵니다
주목 열매 빛깔을 닮았습니다

유모차에 끌려가는 저녁이
작달막해져서 굴뚝이 적이 소란합니다

쓸쓸함의 불씨를 꼭 쥐고 있습니다
거기서 시가 태어나기 때문만은 아니지만

나를 구석구석 들여다보겠습니다
서랍장서 추운 마음을 꺼내
안경닦이로 한 장 한 장 닦아볼 요량입니다

살아생전 몇 벌의 외투를 버릴 것인가?
군살 붙은 정신을 도루코 칼로 깎아내겠습니다

된서리같이 흰빛 속으로
나는 한 뼘 더 자라겠습니다
〈

슬픔이 슬픔을 찢고 지나가도록
함부로 허물을 벗지 않겠습니다

연착

당신이 보내온 문장 속으로
자박자박 걸어 들어갔습니다

자음과 모음이 낯설게 부딪쳐서
거리의 마음은 짓물러 갔습니다

불량한 생각이 행간에 누웠을 때
하늘의 색인을 찢어버리고 싶었지만
갈피를 종잡을 수 없는 기후를 접으며

주사기로 활자를 수혈하는 중입니다
머리를 벗기고 어휘를 밀어 넣으며
차라리 주어를 잃어버린 동사처럼

목이 말랐습니다
눈으로 읽고 귀로 말하는 중입니다
당신이 생략한 문장부호를 애써 찾으며

다시 에어컨을 끄겠습니다
빈 괄호는 비게 그냥 두고
언제부턴가 목적어를 잃어버린 세계로

빗금을 치겠습니다

당신의 문맥은 죄다 젖었습니다
그어진 밑줄이 엉금엉금 기어다니고

부록 같은 저녁이 태어났을 때
간만에 검색창을 일제히 닫고
식구들 표정을 숟가락으로 건져 올리면

갈라진 손금의 형용사 몇 떼어
서로의 페이지에 각주를 달겠습니다
숨통이 조금 트인다는 제스처로

당신이 보내온 표지 밖으로 나가서
곤한 잠을 오늘은 가히 청해보겠습니다

안개 무늬

희부윰한 수천수만의 아가미
거대한 짐승의 내부로 들어선 느낌
치매 앓는 할머니의 닳아가는 기억력 같은

김 서린 징조, 뭉글뭉글한 기미
멍울멍울 덩이져 몰려다니는
불온한 소문

쌍라이트를 함부로 켜고 내달렸지
글쎄요, 같은 불투명한 대답을 닮은
습기 찬 안경을 생활처럼 문질러가면서

손잡이가 없어 자주 마음을 놓쳤습니까
냉담과 농담 사이 오가는 섣부른 짐작들
달아나는 손목, 옥상의 난간, 구멍 난 아이들
감출수록 뿌리가 깊어지는 비밀의 넌출들

눈 감아야 선명히 떠오르는 얼굴 있고
어쩌다 마을로 내려온 고라니 허기처럼
우측으로 좌측으로 두리번거리는 불안들

바짝 다가서야 겨우 보이는 희망처럼
그렇게 또 감쪽같이 사라지겠지

〈
고요 속 소란을 닥치는 대로 삼키곤
먹고살기 바쁘다는, 꼭 그런 말이 가시처럼 걸려
누룩뱀이 난동에 겨울잠을 깼다지 뭐야, 잘 가

한파 경보

영혼 없는 답 올까
내심 두려웠다

많이 아파,
문자 넣다 만다

몸 하나 마음대로 되지 않을까
수건 적셔 앓는 마음에 덮어주며

모자 안에서 축 처진 코끼리를 꺼냈다
실패한 저녁에 접속할 때마다

사람을 끊고 싶다
사랑은 지키고 싶지만

달력을 공짜로 얻는 시절은 갔다

믿음도 방치하면 썩는다

사랑의 적정 온도는 어디쯤일까?
노을 쪽일까

천장 샹들리에 떨어져

얼굴을 덮칠 것만 같다

푸른 뱀이 구멍이란 구멍으로
살점을 물어뜯어서

없는 요일이었으면 좋겠다 내일이

아기별은 독감 주사를 맞았을까

라면 박스에 웅크린 길냥이 울음
어둠을 갈기갈기 찢어놓아서

신열이 났다

우리는 어떻게 미래가 되는 것일까

밤의 자물쇠를 채운다
오지 않는다 너는
끝내

구멍

밭두렁에 삽 한 자루 뻗어 있다
삽날 이빨이 여럿 나갔다
정수리엔 불꽃이 꽝꽝 튀었을 거야
다치기 쉬운 시절이었지
파묻어 버리고 싶은 후회를 찍고 찍어내면서
반질반질 삽자루를 비틀고 채고 뒤틀면서
단단한 결심 날쌔게 새겼지, 삽질에 계급 없듯이
죽은 개 묻고 계절을 덮고 농협 빚을 얻고
옛사람들 나무에 구멍 파고 비밀 말하곤
다시 진흙으로 구멍을 메웠다 하는데

검붉은 녹을 욕창처럼 파먹었다
포도나무 죄다 뽑아버린 빈 밭
생계 짊어졌던 십자가 말뚝도 뽑혀 나가고
붙이던 이도 흙담장 택호같이 주저앉아 버렸겠지
허리 굽은 고샅길로 길냥이만 연방 태어났을 테지
화살표 같은 생의 뒷덜밀 질질 끌고 온 삽날도
어지간히 부식된 마음일 거라
비 올 적 딱따구리가 바람 오는
반대편에 구멍 뚫는 이유를 짐작해야 했지
몇 번이고 손 탄 밭문서의 비밀만 구덩이 처넣고
닳아가는 기억 되메우며 운다 울어라 무뎌진 날이여
아아, 첫 삽 뜰 적 흙에 가닿던 쇠의 느낌

다 끝났다, 내 발로 허구렁 기어들어가 기어코
내 손으로 나를 묻어버릴 파국이 닥쳐오고 있으니

상자의 상자

모난 상자 걸어와서
습관처럼 등을 돌렸다

유리 상자 같은 사람

속이 보여서 약속은 깨졌다
세상에 밝아서 위험한 상자

나는 담기지 않은 채 열려 있었고
너는 비어 있었는데 닫혀 있었다

각진 모서리에 손등이 자주 긁혔다
선물은 뜯겨 있고 사랑은 포장돼 있었다

먹구름 같은 대화가 끊기면
끝을 직감한 자가 더 많이 미워할 테지
잡혀 있던 비는 온데간데없어졌지만

기억하고 있을까,
부화 상자에 불 넣어주던 작은 손
마지막을 한 줌 흩뿌릴 때 전율하던 손금
회사서 들고나온 앉은뱅이 달력, 분노, 서류 뭉치들
〈

약한 부분이 먼저 접히고
아픈 쪽이 더 아프도록 허물어져서
마음이란 것도 분리배출이 될 수 있을까?

택배 박스로 만든 마술 상자가 완성되고 있었다

반송

받는 사람이 눈사람처럼 사라졌어요
이쪽에서 부치고 저쪽에서 뜯어야 했는데

집 나온 소년의 쭈뼛쭈뼛처럼
우편물이 쥐 죽은 듯 대문 앞에 웅크려 있어요

우표의 기울어진 표정은 막 떠나버린 기차
안부가 이렇게나 식은 줄 몰랐습니까

접어둔 마음의 바깥과
되돌아온 텅 빈 발품의 안쪽은

어느 쪽이 더 어둡고 추울까요

반송과 발송, ㄴ과 ㄹ 받침 하나 다르지만
수틀린 궤도는 트럭으로 오토바이로 삼백 리

어깻죽지 한쪽이 내려앉았어요
이맛전엔 수취인불명의 붉은 낙인
주소 틀린 생의 어귀로부터 잠깐 반송되는 기분

무심과 의심 사이로 차곡차곡 지상에 배달되는 아침
새들의 발바닥은 나무의 번지수를 기억할까요

〈
금 간 계량기 뒷모습 닮은
파리한 등짝을 손등으로 쓸어내리며
보내는 사람은 다시 보내야 하는 사람

쓸쓸한 구름 한 점 동봉해 착불로 보내 드릴까요

전자레인지

나는 위험하게 태어났다

그만 돌렸어야 했는데

나를 마구 사용해서 다친 날 많았다
터져버린 슬픔 덕에 앞섶 젖어서
몇 날 웅크려 그림자만 뜯어먹고 살았다

표정을 읽히지 않으려고 복면을 쓰면
나는 더 캄캄해지는 짐승
명치에 닿은 고독이 지지직 터질 것만 같다

식은 뱃속에서 불같은 것이 솟구치는 밤
열선 감추고 실컷 울고 나면 여름 끝물

밤새 골골대던 늙은 냉장고 조용해서 무섭다
먹다 남은 음식물 꽁꽁 싸는 습관도 나도
이 집에서 심심하게 오래되었다

식탁 위에 못 보던 꽃다발 누워 있다
잘린 발목을 가지런히 리본으로 묶어놨다

식은 찬 덥히며 많은 입 먹여 살렸지

머리 위에 파리채나 얹어 두려 살았나 싶다가도

시들지 말아야지, 누가 축 늘어진 내 꼬리를
220볼트 코드 콧구멍에 번쩍, 꽂아 넣는다

파상풍

산길에 대못 하나 쓰러져 있다
벌겋게 녹슬었다 등이 굽었다

어느 가슴께 오래 박혀 있다 뽑혔을까

저 몹쓸 쓸쓸함을 새까만
사슴벌레 뒤집어보려 애를 쓰지만

뒤로 뒤로 밀리는 계절이었다
세상이란 쇠망치에 두들겨 맞고
멍든 그림자 질질 끌고 돌아오던

골목은 발목을 자주 접질렸지
없는 길로 떠메고 들어간 꽃상여 있었고

겁나는 게 없었지
쇳내 나는 손아귀, 강철 심장, 불타는 분노

종이별을 쾅쾅 별자리에 박아 넣을까
밤하늘엔 퉁퉁 흰소리가 불어났지만

칠월엔 구석진 곳에 울혈이 깊었다
핏빛 노을을 보면 경련이 일었다

〈
허공에 얽은 낮달 하나 박아 넣을까

눅진 골방에 등 구부리고 쭈그려 앉아
녹슨 발바닥 꾹꾹 주물러대던 사람아

티눈은 밖을 보지 않는다

맨살 파고드는 뿔,

어디서 본 거 같다
뒤를 두지 않는 사람의 가시 눈빛
등 구부려 발바닥 티눈을 볼 뿐인데

어디선가 본 거 같다
도둑고양이 호박색 눈알 속 수직 동공
등 수그려 손톱깎이로 티눈을 뜯어볼 뿐인데

냉동치료가 필요하겠습니다, 더 감염되기 전에

어린이 보호구역 진입처럼 엉거주춤 바지춤 걷고
조선낫으로 새끼발가락 굳은살 깎던 남자
런닝구 구멍을 혓바늘로 핥아대던 누런 알전구

어디선가 봤다, 얼부푼 가난의 물집
터지고 굳고, 문지방 뒤축 수북한 절망의 각질
헐벗은 마음 안쪽으로 따갑게 자라나던 가시

피부과 나오며 발을 잘룩거릴 뿐인데
뚝방 아래 지붕 낮은 점집의 붉은 깃발 보았다

잘 살자, 아픈 선풍기와 지구와 죽은 아버지와 나

공원의 사수

사람들을 밖으로 빼돌린다
김 영감 허리를 찌뿌둥하게 한다
내기 장기 진 최 영감 복수심을 불태운다
강아지를 모조리 동원한다, 유모차 밀며

손뼉만큼의 평화
손톱만큼의 전쟁

시끌벅적하지만
아무도 다치게 하지 않는,
그것은 공원의 의무

이윽고 해거름
사람들이 공원을 빼돌리기 시작한다
탁탁 장기알 말을 돌려 마지막 공격 나선다
공원 등짝을 핏빛으로 폭격하는 노을
후드득 산책의 날개를 부러뜨린다
맥 빠진 공원 외등만 눈 비비고
저녁의 뒤통수를 우두커니 배웅한다

새벽엔 또 몰래 누가 와서 울고 가리라
이것이 공원의 운명

우회 도로

이쯤에서 내려서야지 머뭇대다
작약이 터졌고 폭설이 녹고 한 사람이 떠나갔다
차선은 언제나 곁에 있었는데

탈선을 꿈꾸며 아름다운 변명을 구하러 다녔지
인생에 진입 실패해서 자주 유턴했지
나는 나, 라는 악재를 만났지

붉은 고무 대야에 산나물 콩나물 난전 편 여자
손수레를 밀어줬어야 했는데

여우비에 경운기 우죽우죽 마늘밭 빠져나오는 거기
찰옥수수 트럭과 뻥튀기 소년이 출몰하는 거기
백미러에 열사흘 달 총총 따라올 것만 같은 거기

우회전이라든가 좌회전 깜빡이를 넣고
적잖은 신호를 받으며 집으로 돌아오는

우회 도로가 되고 싶었다
라디오 켜고 먼 길 떠나는 화물차 꽁무니로
콩깍지 넣고 끓인 쇠죽 내음이 와락 쏟아졌다

미주구리

갱년기란 말 뿌리치다 자주 망가졌다
당신, 눈물이 너무 많아

서릿발에 정수리 싸해지면
사다리 타고 모과 몇 알 따 들이고
죽도시장 미주구리 뜨러 갈 일

성질이 불같아
잡아 올리면 바로 죽는다지

남해선 흔하디흔해 그물 들면 버렸다고
죽은 물가자미 뱃대지같이 희스무레한 농담
어물전 바닥에 눌어붙은 갯내

도꾸이 아이머 밥 굶어 죽제,
눈썰미 기찬 순자수산 할매 납죽한 너스레

사랑은 비늘 같은 변명을 없애는 일
지느러밀 흔들어 서로를 파고드는 길
부부만큼 서로의 도꾸이도 있겠나

물살 많고 생각 많은 미주구리 한 마리
섣달 그믐을 세꼬시해 출랑출랑 시장통 빠져나온다

방과 후 수업

시는 어디에 있을까요?
국어책에 있어요,

팝콘 같은 웃음이 빵 터지고

자잘한 소란이 싫지 않아서
출석부를 펼치지 않았다

꿈이 뭔가요?
돈 많은 백수요,

팔을 번쩍 든 아이
대답 위로 펑펑 함박눈이 쏟아졌고

내 꿈은 뭐였더라?
창문에 얼굴을 꺼내보는 사이

눈 오는 날
어린나무 도우려고
막대기로 가지의 눈을 털어주던
이국의 어느 시인이 떠올랐다

방과, 라는 말이

방가, 라는 것 같고

의자는 꿈이 무엇일까?

머릿속에
푸른 뱀 한 마리를
풀어보라고 했다

시가 태어날까요?

자폭밴드를 조문하고 오는 길

끼리끼리에도 등급이 있고
사람 만나는 데도 순서가 있어

피하고 싶은데 자꾸 만나게 되고
이렇게 엮이는 거 싫어하는 거 알면서

불안해서 그래, 어딘가 묶여는 있어야지
할머니 몸뻬 고무줄처럼 헐렁헐렁하게라도

눈사람은 아침부터 수없이 태어났고
6년 된 우리 밴드는 터치 한 번에 폭파됐고
그렇다고 그다지 슬퍼하는 기색 없이

정회원 3만 원, 비회원은 5만 원 내고
거사 치른 동맹처럼 소맥 폭탄 술잔을 맞대고
시원섭섭하다는 방장의 건배사를 끝으로

이 방은 없어집니다,
그 많던 이모티콘은 어느 별로 사라지는 걸까

구둣발에 찬바람이 차이고
속으로도 밖으로도 우는 사람은 없었고
〈

인연 있으면 또 보겠지요,
흐려지는 말끝을 호주머니에 쑤셔 넣고
캄캄한 아파트 샛길 들어서니

공터 텃밭 뽑지 않은 나무 말뚝에
시든 고춧대가 허릴 꺾고 처량하게 묶여 있다

여울목

쇠심줄처럼 질긴 생의 힘줄로

너무 일만 했다

영업은 끝났다

퇴근길 지친 구두들의 목을 축여 주느라

너무 굽이쳤다

목소리에도 강물이 흐르고 있을까?

조약돌 같은 새끼들 데리고

거친 물살 밀어 올리던

영업은 이제 끝났다

육회와 생고기만 남기고

뒷발굽 땅에 박고 발등이 붓도록

너무 오래 서서 일만 했다

〈
굵은 눈망울에 침묵을 욱여놓고

돌멩이 움켜쥐었던 주먹을 놓고

영각을 뽑는 강물의 긴긴 잠에 빠져서

뚜벅뚜벅 이승에서 멀어지는

당신 쪽으로 노을이 옮겨붙고 있다

장국밥 말아 넣던 구경꾼도 모두

돌아간 얼어 터진 강가에서 웃는 당신만

여울여울 마지막 불꽃을 태우고 있다

소풍

어린이집 버스에서 내린다
노오란 웃옷 입고 총총총
운동장으로 부숭부숭한 잔디 위로
장글장글 타는 가을볕 넘어져도 툴툴
손 털고 내달린다 미끄럼틀로 까르르까르르
깃동잠자리 쇠리쇠리 철봉을 들어 올려보다가
빨간 밑씻개 그네 사뿐사뿐하니 밀어보는데
쉬 마려워요, 왼손 번쩍 든 녀석 뒤를 밟는
갈바람 산들산들 꼬리를 흔들며 해밝은 노래
꿀렁꿀렁 고무 시소 위로 날아가는 비눗방울
나는 그만 밥때 지난 것도 사는 것도 내려놓고
이 흥성흥성한 소란에 담뿍 빠져드는 것인데
향나무 그늘 좋아 드는 흰나비도 좋고
생각 없이 웅성웅성 부푸는 구름 모자도 좋고
왕벚나무 수풀 들앉았을 매미 허물같이
가벼운 걸음에 옛일도 조금은 쓸쓸도 하고
광살구 같은 아이들 가버리면 섭섭해서 어쩌나
기일게 울리는 여선생 호루라기에 어쩌나
오종종 모여들었다 눈부시게 흩어지는
유년의 새하얀 종소리

삽작 귀신 모시기

무논에 모낸 오월 모일
경주 양동마을 손 아무개
하현달 모로 기울어 이슥해진 삼경에

대님에 도포 두르고 버선발로
싸리울 멀리 나가 허리를 굽신굽신
아무도 없는 허공에 대놓고 인사하곤

-아부지 오시능교, 얼른 들어가시더
제삿밥 자시러 온 아버지 앞세우고
이맛전 육십 촉 알전구 누렇게 앞세우고

줄레줄레 마당 들며 연신 헛기침
그예 수지밥에 뭇국 올린 제관들
신위 앞 무르팍 꿇고 납죽납죽 절 올렸다는

등 따순 이야기
식은 가슴 모락모락 데피는 이야기
아부지 인자 오시능교, 에멜무지로 마중하고픈

행사

 종로에 행사가 있었다 부처님 오신 날이고 토요일이고 비가 왔다 행사는 행사를 위해 무엇을 준비하나 서너 시간 전에 사무실로 나가는 이가 있고 KTX를 타고 올라가는 이가 있고 제주서 비행기에 올라탄 이가 있다 짐 나르는 손이 있고 안내하는 손이 있고 국민의례가 있고 묵념이 있고 사회자는 마이크를 울린다 축사는 짧아야 하는데 얼음조각은 녹고 상 받는 사람이 있고 주는 사람이 있고 꽃다발 안는 가슴 있고 상기된 소감 다음엔 기념 촬영이 빠질 수 있나 폐회사 뒤로 단체촬영 끝나면 손뼉 치는 손이 있고 치우는 손이 있고 뒤풀이 가는 발이 있고 취하는 발이 있고 다음엔 당신도 받아야지 밥상 앞에서 상을 논하는데 짧아야 하는데 길어지는 오줌발, 초여름 비는 줄기차게 내리고 내일은 일요일이고 부처님은 다녀가셨겠지만 술잔 들어 올릴 힘 남은 자들은 새벽을 두려워하지 않을 것이다 서울역서 막차를 기다리는 자 앞에서 살찐 비둘기 꾸역꾸역 과자 부스러기를 쪼고 있다

1박 2일

　세상의 채찍을 후려 맞고 나는 오늘 아무도 욕하지 않았다. 온종일 내가 사람 구실한 게 있다면, 길고양이 밥을 한 컵 더 준 것과 시를, 그러니까 무슨 숙제처럼 시를 몇 편 더 읽은 눈알의 노고를 풀어주었으며 마음을 구속했던 생활의 밧줄을 끊어버리고 심장을 겨누던 진실의 화살을 피하지 않았으므로, 보현산 댐이 내려다보이는 별담카페에 쭈그려 앉아 쭈욱, 공중을 찢어놓는 왜가리의 날갯짓에 감탄하였으며 공중의 찢어지는 상처를 짐짓 헤아려보았으며, 그저 끝없이 내달리는 사유의 기차를 타고 아니, 내가 그냥 폭주하는 무개화차가 되어 산호초 일렁이는 바닷속을 귀신고래처럼 내달리다가, 개밥바라기 닻 올리는 서녘의 붉은 레일로 솟구치는 그런 얼토당토아니한 기차의 꿈을 잠시 잠깐 살아주었던 것인데,

　정작 내 꿈을 마중한다는 것이 섣불리 거울 속으로 나를 집어넣는 바람에… 잠결인가… 희미한 노래… 술렁이는 물의 파문… 미시감 같기도, 기시감 같기도 한… 깊이를 가늠하기 힘든 우물… 허우적허우적 새를 목격했으며 횃불이 멀쩡하게 살아 있었으며 휴대전화가 기일게 울어서 황급히 목을 뺐을 때 나는 '검은콩 + 17곡' 190㎖ 두유에 빨대를 꽂고 프라이팬에 달걀 두 알을 깨고 있겠지만, 우루사와 루테인, 칼슘, 덴티몬을 한입 그득 털어 넣고 휘뚜루마뚜루 출근을 서두르겠지만, 맹세코 나는 아무도 욕하지 않았다.

시산맥 문고시선 03
빨간 티코 타잔 팬티

초판 1쇄 인쇄 2025년 03월 28일
초판 1쇄 발행 2025년 04월 10일

지 은 이 손준호
펴 낸 이 문정영
펴 낸 곳 시산맥사
편집위원 최연수 박민서
등록번호 제300-2013-12호
등록일자 2009년 4월 15일
주　　소 03131 서울특별시 종로구 율곡로 6길 36,
　　　　　월드오피스텔 1102호
전　　화 02-764-8722, 010-8894-8722
전자우편 poemmtss@hanmail.net
시산맥카페 http://cafe.daum.net/poemmtss

ISBN 979-11-6243-567-0 (03810) 종이책
ISBN 979-11-6243-568-7 (05810) 전자책

값 12,000원

* 이 책은 전부 또는 일부 내용을 재사용하려면 반드시 저작권자와 시산맥사의 동의를 받아야 합니다.
* 이 책은 교보문고와 연계하여 전자북으로 발간되었습니다.
* 본문 페이지에서 한 연이 첫 번째 행에서 시작될 때에는 〈 표기를 합니다.
* 저자의 의도에 따라 작품의 보조 동사와 합성 명사는 띄어쓰기가 달라질 수 있습니다.